Savais-tu?

Les Anguilles

99

Savais-tu?

Les Anguilles

Alain M. Bergeron
Michel Quintin
Sampar

Illustrations de Sampar

ÉDITIONS
MICHEL
QUINTIN

Données de catalogage avant publication (Canada)

Bergeron, Alain M., 1957-

Les anguilles

(Savais-tu? ; 15)
Pour enfants de 7 ans et plus.

ISBN 2-89435-231-X

1. Anguilles - Ouvrages pour la jeunesse. 2. Anguilles - Ouvrages illustrés. I. Quintin, Michel . II. Sampar. III. Titre. IV. Collection : Bergeron, Alain M., 1957- . Savais-tu? ; 15.

QL637.9.A5B47 2003   j597.43   C2003-940673-3

Révision linguistique : Maurice Poirier

Le Conseil des Arts du Canada
The Canada Council for the Arts   SODEC Québec⊡   Patrimoine canadien   Canadian Heritage

La publication de cet ouvrage a été réalisée grâce au soutien financier du Conseil des Arts du Canada et de la SODEC. De plus, les Éditions Michel Quintin bénéficient de l'aide financière du gouvernement du Canada par l'entremise du Programme d'aide au développement de l'industrie de l'édition (PADIÉ) pour leurs activités d'édition.

Gouvernement du Québec – Programme de crédit d'impôt pour l'édition de livres – Gestion SODEC

ISBN 2-89435-231-X
Dépôt légal - Bibliothèque nationale du Québec, 2003
Dépôt légal - Bibliothèque nationale du Canada, 2003

Éditions Michel Quintin
C.P. 340, Waterloo (Québec)
Canada J0E 2N0
Tél.:   (450) 539-3774
Téléc.: (450) 539-4905
Courriel: mquintin@mquintin.com

1 2 3 4 5 6 7 8 9 0 M L 7 6 5 4 3

Imprimé au Canada

Savais-tu que, même si l'anguille est un poisson, c'est une bien piètre nageuse? Elle se déplace en ondulant son long corps.

Savais-tu que certaines anguilles peuvent mesurer un mètre cinquante et peser plus de sept kilos?

Savais-tu que les anguilles vivent dans l'eau douce ou saumâtre des rivières, des lacs et des marais? C'est en mer qu'elles se reproduisent.

Savais-tu qu'on retrouve des anguilles dans tous les océans? On en dénombre environ seize espèces, dont deux très semblables qui vivent dans l'Atlantique : l'anguille américaine et l'anguille européenne.

Savais-tu que l'anguille peut vivre longtemps hors de l'eau? Cela parce qu'elle peut respirer par la peau.

Savais-tu que les anguilles ont une peau qui leur permet d'adhérer au substrat? Elles peuvent sortir hors de l'eau pour ramper et même escalader des rochers et des barrages.

Savais-tu que l'anguille est un animal solitaire? Elle passe la majeure partie de sa vie sur les fonds vaseux de son domaine.

Savais-tu que l'anguille est active essentiellement la nuit? Mis à part l'homme, pour qui elle est un mets prisé depuis

longtemps, ses principaux prédateurs sont les loutres, les hérons et les cormorans.

Savais-tu que l'odorat des anguilles est l'un des plus performants du monde des poissons?

Savais-tu que l'anguille est un prédateur extrêmement vorace? En période de croissance, elle peut avaler quotidiennement le quart de son poids en nourriture.

Savais-tu que les anguilles consomment des proies animales comme des poissons, crevettes, crabes, vers, moules, insectes, grenouilles et écrevisses?

Savais-tu que, lors de la période de croissance qui durera de cinq à vingt ans, la recherche de nourriture sera prépondérante?

Savais-tu que devenues adultes, le besoin de migrer s'empare d'elles? Elles regagnent la mer par les ruisseaux, les rivières et les fleuves.

Savais-tu qu'elles entreprennent alors un long voyage en mer? En effet, elles retournent au lieu de leur naissance pour s'y reproduire.

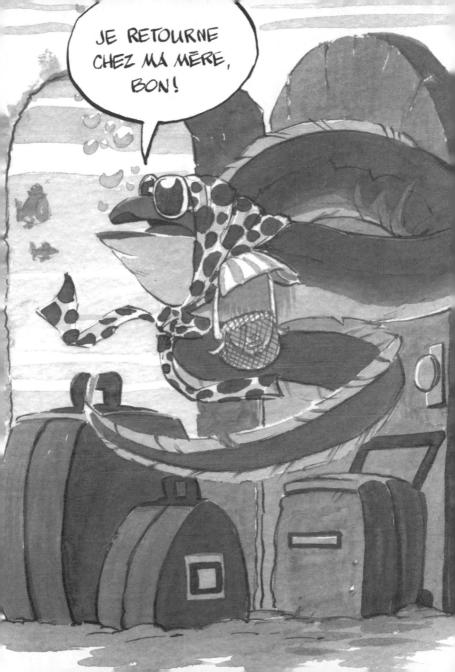

Savais-tu que les anguilles, qu'elles viennent d'Europe ou d'Amérique, doivent parcourir plusieurs milliers de kilomètres dans l'Atlantique avant d'atteindre la mer des Sargasses située dans le golfe du Mexique?

Savais-tu qu'il faut à certaines anguilles jusqu'à sept mois pour retourner sur leur lieu de reproduction? Comme

elles ne se nourrissent pas durant le trajet, elles vivent sur leurs réserves de graisse.

Savais-tu que l'anguille peut survivre à un jeûne de plus de deux ans?

Savais-tu qu'elles accomplissent ce long voyage à une vitesse de vingt-cinq à trente kilomètres par jour?

Savais-tu que, malgré la multitude d'anguilles qui se retrouvent dans la mer des Sargasses lors de la saison

de reproduction, chacune va s'accoupler avec une autre qui vient de la même rivière qu'elle?

Savais-tu que c'est à plus de cinq cents mètres de profondeur que chaque femelle pond des millions d'œufs?

L'anguille américaine pond de quinze à vingt millions d'œufs.

Savais-tu que la femelle meurt aussitôt après la ponte?

Savais-tu qu'à ce jour, personne n'a encore réussi à capturer une anguille adulte sur les lieux de reproduction?

Savais-tu qu'à la naissance, les larves ne ressemblent guère aux adultes? Elles sont transparentes et leur corps a la forme d'une feuille.

Savais-tu que plusieurs espèces de poissons se nourrissent de larves d'anguilles?

Savais-tu qu'après l'éclosion, les larves se laissent dériver au gré des courants? Elles seront ainsi ramenées jusqu'à la rivière natale de leurs parents respectifs.

Savais-tu que ce voyage « passif » durera environ un an pour l'anguille américaine, et près de trois ans pour l'anguille européenne?

Savais-tu que les larves se transforment lorsqu'elles arrivent près des côtes? Leur corps se pigmente et devient serpentiforme.

Savais-tu qu'après cette transformation, les anguilles devront nager pour remonter à contre-courant les fleuves, les rivières et les ruisseaux?

Savais-tu que certaines anguilles ont atteint l'âge de
quatre-vingt-cinq ans en captivité?